빌어먹을 다짐들

정가을 시집

시인동네 시인선 179   정가을 시집

빌어먹을 다짐들

시인동네

시인의 말

이렇게 하나씩 지워가고 있다.

2022년 7월
정가을

차례

시인의 말

제1부

아는 얘기 · 13

태양이 나뭇가지 위아래로 티눈처럼 솟아 있어
한번 웃고 차고로 뛰어갔다 · 14

로그인 시도가 감지되었습니다 · 16

마우스포인터 · 18

조촐한 회식 · 19

오늘의 백일홍 · 20

Bibbidi-Bobbidi-Boo · 22

하품할 때마다 · 24

주머니 속 귤 두 개가 따뜻해지고 있다 · 26

청도 · 27

브런치 · 28

비단무늬 물뱀 입술 피어싱 · 30

장산행 · 32

나와 다른 옷의 태도 · 34

제2부

빌어먹을 다짐들 · 37

하얗게 된 사람들 · 38

델타크론 · 40

나도개피 · 42

밀펴유나베 · 43

모란은 · 44

거지덩굴 · 46

푸른 노루귀 · 48

본색 · 50

재건축 · 51

아이라인 · 52

시클라멘 · 54

파래 · 56

뒤로 더 많이 · 58

oil · 60

제3부

크랙 위 · 63

10시 33분 38초 · 64

거울의 레트로 · 66

남남바람꽃 · 68

망 · 69

사과의 중심 · 70

양 · 72

살필 줄 알아야 해 · 74

운 · 75

물의 집 · 76

욕조에 누워 · 78

파 재래기 · 79

핑거라임 · 80

대답 · 82

일어서면 어지럽고 기대면 조금 달아오르는 · 83

삼월 · 84

제4부

으름꽃 · 87

접촉자 · 88

양지꽃 · 89

귤밭 옆 신축 빌라 · 90

R36 · 92

복도를 걷는 사람들 · 93

1511호 · 94

그와 만두 · 96

무궁 · 97

청도 2 · 98

소문 · 99

편도염 · 100

꿈 · 102

누구나 반할 색 · 103

자몽들 · 104

해설 일상의 균열과 해체적 상상력 · 105
　　　김경복(문학평론가·경남대 교수)

제1부

아는 얘기

 물 한 컵 돌고 그다음 빨간 글씨 쓰인 투명 컵에 술이 채워진다 사람 수만큼 젓가락이 놓였다 오늘 조금만 마실 거야 내일 너무 힘들면 안 되니까 세 칸 기본 안주 접시 놓이자마자 잔을 들었다 비워진다 내부 민원이 더 힘든 거 알지 우리 멤버가 지금 너무 좋으니까 그리 알고, 채워진다 틈틈이 바람 좀 쐬어가며 일해 계속 앉아 있는 게 몸에 안 좋은 거 알지, 벙벙하게 채워지고 못 들을 척 비워지고 어제 그 할머니 어떻게 됐어 양로원에 가고 싶다고 하셨는데 지금은 밥을 해 먹을 수 있지만 그게 안 될 때 가고 싶다고 혼자서 혼자로 살 수 없을 때 갈 수 있는 곳이 요양원이에요 양로원에는 지금 가야 하고요 이야기하고 눈 마주치고 이야기하고 웃다가 한숨짓고 이야기하고 다른 걸 원하는 게 아니라고

태양이 나뭇가지 위아래로 티눈처럼 솟아 있어
한번 웃고 차고로 뛰어갔다

태양을 허리에 거꾸로 꽂고
1921년산 자동차에 시동을 건다

네 시간 반 반복되는 병풍을 지나고
지나고 지나도 사막

몸 키운 모래의 혀
바퀴부터 핥기 시작하더니 끈적해진 범퍼와 유리창

몸 빼낸다 발 빼낸다 발 들어간다

지나가는 키 작은 패넥 여우 걸음 멈추더니
귀 하나 떼서 내 어깨에 붙여주었다

차 밑에서
우리는 기뻤지만

한 번도 보지 못했던 적(敵)을

동시에 이야기하고

열이 나는 엔진에 세 번째 태양은
주사액을 주입하기 시작했다

로그인 시도가 감지되었습니다

1833년 겨울 한낮 하늘에 강렬한 빨간색 띠가 발견되었다

비정상적인 맥박

비정상적인 대화

비정상적인 형벌

비정상적인 조립

비정상적인 몸

비정상적인 판정

비정상적인 형벌

비정상적인 맥박

비정상적인 바나나

  나는 비정상적인 로그인을 하고 있다 노을을 비정상적인 방법으로 흠모하고 비정상적인 방법으로 소통하고 있다 고통의 기억이 아스라이 떠오르고 있다 비정상적인 시간 비정상적인 방법으로 로그인 되도록 말랑말랑하게 도용되고 있다

마우스포인터

 그의 얼굴은 좀처럼 웃지 않습니다만 그의 목소리는 자주 낮아지며 어두워집니다 비 오는 여름 보라색 수국 흐드러진 뒷산 오르며 흙냄새 빛에 담겨 빛방울로 튀었습니다 그때 그의 굳어 있는 입꼬리가 희미해지는 것을 보았습니다 나는 떨리며 도망가는 꼬리를 따라갔습니다 그의 바탕화면을 훔쳐보았어요 스멀스멀 발톱으로 마신 카베르네 쇼비뇽 와인색이 막 빠지기 시작한 아침이었어요 처음부터 그러려고 한 건 아니었습니다 모니터 왼쪽 위아래 줄서 있는 아이콘 맞은편 구석에 달랑 있는 제목 '블루' 광속 클릭한 건 떨리는 손가락이었습니다 끈이 꽉 묶여진 신발이었습니다

조촐한 회식

그만 그런지도 모르겠다 그만 술에 취했는지 모르겠다 그의 오롯한 어려움 번갈아 떠는 양발 윗도리 만지작하는 손톱 끝에 위태롭게 서 있다 함께하는 누구도 신경 쓰지 않는데 그는 맞은편과 옆에 앉은 이들을 생각하고 있다 그럼 우린 또 어떻게 하지 무엇을 중요하게 생각해야 하지 잠시 몸 누울 집? 잠시 몸 누울 집을 위한 대출? 비슷한 유전자의 취향? 삐딱한 시선? 암울하면서 재미있는 이야기를 요구하는 술잔 그럭저럭 그저 그런 술집 폭우가 올지 모르겠다 폭우가 온다면 그럼 우린 또 어떻게 하지

오늘의 백일홍

달은 스스로 주인이 되기 위해 둥글게 몸을 만든다

맨발인 그는 자갈을 지그재그 걸으며 빛 흩트리고,

자판기 얼음 밀크커피 한 모금 뱃속에서 만든 말

(잊어야……)

또 한 모금 혀 밑에 모은 말

(잊을 수……)

가라앉은 설탕 흔들어 한 모금 입 밖으로 부은 말

(조금씩 잊고……)

잡을 수 없는 얼룩 달

말없는 입으로 데워진 종이컵

혀끝에 매달린 털의 맛

문자에 솟아오른 자갈

어제의 백일을 보내고,

Bibbidi-Bobbidi-Boo*

눈 깜짝할 사이의 일이었다

처음 보는 눈을 한 그가
손바닥만 한 칼을 수선화 구근 턱 끝에 들이댔다

살려주세요

한 번만 살려주세요

손바닥 피가 나도록
흥건해지도록

비비디 바비디 부

이불 아래 아이 둘
아무도 모르게 아이 하나

소쿠리 땅 디근자 양철지붕

그늘 끼인 집

아이들은 자라고
그는 반지를 잃어버렸다

---

*디즈니 애니메이션 〈신데렐라〉에 나오는 주문.

하품할 때마다

시간이 지날수록
입은 자주 벌어졌고

통유리에 비친 나는 머리를 박는데
박는 데마다 푸른곰팡이가 묻는다

흰 거 푸른 거
검은 거 붉은 거

푸른 거 지우기가
제일 어려운데

점박이들,
몸 불려 굴러갈 준비 다 되었다

즐거이
내 키는 작아진다

폭풍 전야처럼 띄엄띄엄 오는 사람들 사이
쌓인 일들 사이

요즘 들어 할인품을 팔면서 턱이 난데없이 뻑뻑해진다

주머니 속 귤 두 개가 따뜻해지고 있다

바닥 천장 잇는 봉이 축이 되어 방은 돌고 있었다 침대는 자신이 조금씩 창가 쪽으로 움직이는 것 같다고 말하였다 창문틀은 시간이 갈수록 비틀어지고 있다 침대 위 작은 접시에 단감이 있었는데 조금 말라 있다 어두운 집안 많은 것들이 말라 있었다 할머니에게 봉은 금이고 길이고 정신 바짝 차리시오 가스총이 되기도 하고 빨간 스티커 붙은 상자에 든 김치를 내려놓고 할머니 냉장고에 넣으셔야 해요 귤 좀 들고 가라고 해서 두 개를 들고 나왔다 방에서 식탁까지 텔레비전 속 사람 소리 아파트에서 사무실까지 내는 빈 수레 소리 오르막길에서 어두워져 갔다

청도

   전기장판에 모로 누워 마당에 떨어지는 첫눈 보고 있는 아빠의 왼쪽 어깨를 흔든다 일어나서 감 닦을 수 있겠어 눈[雪] 끝에 앉아 있는 거북이 눈은 덜 떨어졌는데 마당 한쪽 깨진 감들이 빨간 바구니에 담겨 있다 행주로 닦는다 감 없는 듯 다른 감 없는 듯 반짝이는 점오개의 개들 안녕 아빠 고개 끄덕이는 동곡 감식초

브런치

젓가락 닿으면 흐트러지는 초밥

두 개째 먹고 절인 생강에 간장을 묻혀 생새우 등을 다섯 번쯤 문지르고 있을 때였다

남자친구와 헤어졌어요

10년의 주말을 함께하던 아버지 돌아가시고 시간이 남아 만났는데 일 년 만에 지방으로 가게 되었다고 해요 장거리 연애는 싫다고 했어요 그 이야기를 누가 먼저 했는지 모르겠어요 나는 아버지를 너무 사랑했어요

점심특선 우동이라기엔 양이 많았다

11년 지난 뱃속 우동은 실밥처럼 터져 나왔다

그는 오른쪽 귓바퀴를 검붉어질 때까지 만졌다

가슴에서 하얀 젖이 흘렀다

갑자기 일어난 일이라 어떻게 하지도 못하고 흐르는 대로 두었다

옷이 가슴 밑으로 붙었는데 그제서야 식탁 위 레몬 사탕 두 개가 놓인 것을 보았다

열린 창으로 벚꽃잎이 두세 장씩 날아왔다

비단무늬 물뱀 입술 피어싱

한숨 자고 나온 그
두 뼘 커져 있다

보랏빛 입술 침 마를 때마다 등 곧추세웠는데
그때마다 투명색 구멍이 생겼다

잊는 것을 기억하기 위해
어느 한쪽으로도 기울어지지 않는 바벨을 달았다

산 채로 먹힌 자들이 지르는 비명
비단무늬 입술

자꾸만 커지고 있다

마당으로 나와
동백꽃 나무 앞에서 한참을 서 있었다

혼자 조금 외롭게 있으니 꽃이 보이는구나

백일밖에 남지 않았어요

세로로 일어났다 사선으로 앉기를
반복하는 매화노루발

쇄골이 삐져나온 어깨가 단단해지고 있다

장산행

(까만 잠바 서너 명이 내려 사라지더니 다른 옷 입은 서너 명이 곧 닫힐 것 같은 열차에 오른다)

(어제는 볼 빨간 두세 명 2-1 문 앞에 서 있었다)

이번 역은 서면, 서면역입니다

(예닐곱 명 열차에 오른다 그중 한 명이 노을 한 조각 질질 끌며 자리에 앉는다)

(이어폰을 귀에 꽂고 있는 우리는 어디론가 가고 있는 중)

(어디로 가는지 모르는 한두 명은 졸고 있는 중)

(그와 나는 맞은편에 앉아 견제하는 중)

이번 역은 민락, 민락역입니다

(머리끝 잡고 서서 어깨에 구두 굽 내리찍는데도)

(그는 태연히 눈 감고 있는데 눈꼬리 잠깐 찡그려질 뿐)

(자클린의 눈물*은 공중에 하얗게 뿌려지고 지나는 역마다 더 젖는 나는 내리지 못하고)

이번 역은 마지막 장산역입니다 두고 내리시는 속눈썹이 없도록 잘 살피시어 내리시기 바랍니다

---

*오펜바흐 작곡의 첼로 연주곡.

나와 다른 옷의 태도

먹으라면 먹고 가라면 가고 까만 머리카락 가보지 않은 가장 가까운 섬 먹어보지 못한 스타프루트 볼 수 없었던 달의 고집 선, 점, 원, 다른 것들 도전적인 너 꼭꼭 숨어라 머리카락 보일라 꼭꼭 숨어라 머리카락 보일라 빗겨지고 치대어지고 빗겨지며 열이 오르는 숨바꼭질 문신 속을 걸어 나오는 오늘의 위너 발바닥 미싱 박는 애시그레이 보일러

제2부

빌어먹을 다짐들

오늘, 붙은 먼지인가 했는데 몸이 마르더니 떨어졌다
오늘, 그제서야 앉아서 보는데 흰 점의 등이 생겼다
오늘, 출근시간 환승역 승강장 다리는 보이지 않는다
오늘, 구멍에 구멍보다 조금 크게 그물망을 잘라 얹고 손가락 두 마디 높이로 흙을 깔고
오늘, 뿌리를 잘 세운 뒤 빈 공간에 흙을 채운다
오늘, 공기가 통하도록 너무 누르지 않는다
오늘, 밖으로 떨어지지 않도록 떨어지면 훑어도 되는데
오늘, 절대 흘리지 않겠다고 다짐한 것처럼

하얗게 된 사람들

화장실 물 내리는 소리 울음처럼 들리는 복도

1인용 소파에 앉아

시론을 읽는다

말하지 않고는 견딜 수 없는 것[*]

얼굴에 무덤을 만들고

실눈 남아 있을 때까지 읽는다

주위가 어두워진 것을 안다

긴 밤 이름 모를 털짐승

내게 다가와 몸 붙이고 비벼댔다

잠이 깨었다

책상 끝에 매달린 손톱

---

*이성복 시인, 『불화하는 말들』에서 차용.

델타크론

앞에 한참을 서 있다

두터운 검은 외투 골라 입고 평소보다 조금 늦은 시간 집 나선다

지하철역 아이들 신발 골목이 들썩인다

새들이 구름을 메고 먼 산 넘어가고 있다

제멋대로 부푼 보도블록 속력을 낸다

어제는 IPA 맥주를 마시다 소파에 쓰러져 한겨울 아무도 없는 숲속을 헤매며 우는 꿈을 꾸었다

번뜩이는 눈이 박힌 머리 하나 점프하여 내 손을 물어 달려드는 그를 온몸으로 떨쳤는데 또 엉겨 붙어 이층으로 도망가며 소리쳤다

나 아닌 사람들은 아무 일 없는 듯 고양이를 어루만졌다

해가 지면서 노란 커튼은 세로로 물들었다

그들은 사라졌는데 수백 개 부드러운 꼬리가 봉을 타고 흘러내렸다

이상하게 바닥에 쌓이는 것은 없었다

국밥을 말아 먹고 왔다는 검은 옷들이 저녁의 안부를 묻고는 대강 사라졌다

모니터를 보는데 머리가 메스꺼워 책상에 쓰러지다 코뼈가 부러졌다
 돼지 뼈 국물에 불은 모란 꽃잎 회색 벽에 달라붙어 부글거렸다
 귀에서 피가 흘러내려 주위를 두리번거리고 있을 때 흰자위가 전부인 일몰의 꼬리 끝에 꼬리가 매달린 발톱이 목을 할퀴었다
 갈라진 목에서 파란 꽃잎으로 나체를 두르고 있는 그가 튀어 나왔다

나도개피

  일주일 중 만나는 이는 그가 전부입니다 그는 나에게 인사하고 들어와 한 개의 방을 청소하고 세 개의 그릇을 정리하고 세탁기에 든 팬티 두 장 티셔츠 두 장 파자마 한 장 걸어둡니다 그는 다섯 개의 인사를 두고 문을 나섭니다 열어놓은 창으로 노을빛 뜨거운 바람이 건조대에 걸린 바짓가랑이 붙잡고 칭얼댑니다 옷들이 한쪽으로 피하며 기울어지는 것을 보고 웃어봅니다 일주일에 이틀은 밥을 한 끼만 먹습니다 저는 잘 지내고 있습니다

밀푀유나베

 이브 생맥주 한 잔씩 먼저 주세요 마시면 얼굴부터 뜨거워질 거야 온기의 속도로 얼굴은 얼음장이 된다 소매는 움츠러들며 볶은 김치로 손이 먼저 간다 B가 하는 말을 들었는지 못 듣는 척하는 건지 죽이고 싶은 사람이 생겼어요 갑자기 커지는 음악 소리에 다음 이야기는 사라지고 우선 한잔하자고 목넘김 소리 뒤 나베가 상에 올려졌는데 차돌 주름은 잔을 쏟았다 끓여지며 단단해지며 몸이 수없이 돌았을 울음소리 겹겹들로 메리크리스마스!

모란은

종이상자 야무지게 쌓는다는 모란은,

동네에서 멀리 가지는 않는다는 모란은,

하룻저녁 칠백 원 천 원 정도 번다는 모란은,

떨리는 손으로 떫은 나물 반찬을 하는 모란은,

나물과 소반에다 종일 땅으로 향했던 머리를 함께 얹어 방으로 간다는 모란은,

왕 중의 왕 모란의 왕 멀건 우주의 얼굴을 한 모란은,

우주의 세계를 지배하는 모란은,

바치는 머리를 꼭꼭 씹으며 명령하는 모란은,

거리의 파지를 모아 파티를 열라는 모란은,

모니터 앞에서 수술로 노랗게 피어나는 모란은,

콧등에서 귓불에서 흰 눈동자까지 흰 눈이 내리는 중인 모란은,

거지덩굴

그는 자라면서 왜 그렇게 많이 맞았는지에 대해 생각하며 길을 가는 중이었다

(웃음소리인 듯 소근대는 소리인 듯 미세한 소리)

벽돌 빛 뾰족한 모퉁이에서 어깨만 한 물구덩이가 만들어졌다

(달은 구름도 모르게 구덩이의 색을 얹었다)

그는 오른발을 먼저 담그고 왼발을 담근다 코끝까지 이마 끝까지 정수리까지

(따뜻하고 물렁한 쿠션)

모은 다리 사막을 더듬는 식물처럼 땅으로 쭈욱 뻗었다

(구덩이의 물이 튀었다)

그는 어제 본 앙증맞은 분홍 꽃의 이름이 거지덩굴인 이유에 대해 생각하며 길을 가는 중이었다

(웃음소리인 듯 수군대는 소리인 듯 미세한 소리)

푸른 노루귀

산이었겠지

숲이었겠지

자라면서 옹벽이 되었겠지

기세등등한 옹벽 위

푸른 집이 있었지

아내를 먹고도 잔뜩 화가 난 푸른 집은
처마를 마당으로 내쳤지
주인은 처마를 주워 철사로 꽁꽁 매어놓았지

손이 패였지

집 안 낡은 나무 벽에 새 창틀은

어울리지 않았지

푸른 집은 해가 갈수록
배가 불룩해졌지

틈을 지우려 손이 패인 주인은
푸른 페인트칠을 해댔지

본색

첫 겨울을 맞은 무청은 잎 끝을 흔들며 말했다
입에서 풀 냄새가 났다

바닥의 머리가 흔들리고

눈 감은 흙은
모든 것을 감쌌다

텃밭에서 문자가 왔다

너무 검어요
그것은 짙어질수록 눈은 커졌고 깊어져요

지워진 문자에서 흙내가 났다

재건축

19리터 옥상 방수 페인트 통

입구가 금방 구운 빵처럼 뜯겨져

녹색 회색 흰색 줄지어 누워 있다

직육면체 속 시간은 거의 대부분은 벽에 문대어져

흐린 신호를 그리고 있다

스산한 밭을 지키는 낮고 오래된 귤나무들

꺼지지 않는 장화창

사냥은 시작되었고

아이라인

그는 눈가에 어디로 가는지 알 수 없는
새 날개 한 쪽씩을 새겨서 왔다

얇은 담뱃갑에서 꺼낸 신분증에는
그가 없어
그를 확인할 수 없다

주로 사는 집에
주소를 일치시켜야 합니다

긴 손톱이 반짝이는 작은 큐빅을 자꾸 흘리고 있어
고개를 들어 그의 얼굴을 다시 본다

주소는 있지만
집에 잘 들어가지는 않아요

왜— 왜? 왜—

마스크 뒤 꼭 다문 입
오랫동안 같이 지낸 등처럼 서로 닮아 있었다

시클라멘

너의 집안은 군더더기가 없어

열리고 닫히는 정석도 없어

검은 솜옷

슬로모션

문 앞에서 커지는 너

붉은 혀 어른거리고

너의 다리 살 핥으며

나의 다리는 가늘어졌다

선반 위 밥솥이 미지근하게 바라보고 있다

너는

유난히 높은 맨션

파래

#1

지하철 문 열리자 가슴께까지 접어진 상자 견고한 건물처럼 지어져 있다 허리 굽혀 손수레 방향을 튼다 바퀴가 빠지지 않게 힘껏 당긴다 집으로 간다

#2

지하철 문 닫히고 물 아직 차지 않았는데 에어컨 바람에 옷 여민다 슈트 소매 끝 물 배어 나왔다 비닐 깔고 의자 바닥에 몸 걸쳤을 뿐 물속보다 더 깊은 길 차가워진 손바닥 무릎에 닿게 해본다 졸고 있는 척하는 무릎을 감싸본다 옆에 있는 남자는 꾸벅꾸벅 졸고 있다

#3

오후 5시 기침이 새어 나와 건물 밖으로 나간다 열 감지기는 지쳤다 목에서 피 맛이 났다 고개 들어 하늘 보는데 휘갈겨진 구름 모양 아름다웠다

#4

봄여름가을겨울 거리두기 3단계가 되면서 사계절이 모였다 봄 44세 오십견 겨울 백내장 수술 아가미 세포 생성하는 시간 가을 도다리가 고마웠다 여름은 다소 풍채가 좋아지는 것이 고민이긴 하지만 주말, 함께 빡세게 일했다 유리문이 파래서

뒤로 더 많이

늦은 시간 마당 가득 줄 선 오색 등
동네는 밝았다

허공에 매달린 등을 선 채 찍느라
카메라 든 손 머리 위로 하고 허리 한껏 뒤로 젖혔다

더 많은 등을 담으려
최선을 다하고 있다

이렇게 유연해요
이렇게 부지런해요

뒤로 더 많이
뒤로 더 많이

산 입구 공중 화장실에서 이틀째 멧돼지가 볼일을 본다는 신고
오늘도 오려는지 궁금하다

밤이 깊어간다는 말
참 맞는 말

뒤로 더 많이

oil

    오일 중에 사일 마주치는 당신이 있다 회색 비니는 여름에도 썼었던가 불룩해졌다가 작아졌다가 오르막 오를 때 숨이 가빠지는, 왜 이 길을 가야만 하는지 왜 검회색이 되었는지 하수구 구멍 위 걸음을 멈추는 당신 오일에 하루 어긋나는 사람 다음을 위해 몸을 작게 하고 있다 어긋나는 당신의 옷 미끄러지고 나는 나무를 보는 시간이 길어지고 있다

제3부

크랙 위

 며칠째 낡은 5층짜리 아파트 벽 점프슈트 셋 매달려 있다 높고 낮은 맞춰가며 내려오는 팔뚝만 한 롤러 좌우로 채워지는 도시의 엉덩이 끼여 있는 줄 빙글빙글 돌며 발보다 먼저 닿는다 땅에 아주 오래전부터 주차장을 차지한 회양목 같은 자동차 바퀴 후우 입김을 불어 가을의 몸짓을 키운다 펄럭이는 크랙 줄에 매달린 잎들 입들 아침에도 점심때에도 그 다음 날에도 4층에서 3층 사이 점프슈트 셋 보며 풀린 밧줄 같은 눈 몇 번 비비었다

10시 33분 38초

도시의 주인은 시작했다

귀를 떼버리는 얼죽아*들 얼음은 서로 몸을 붙였다

그것이 정답이다

이마에 쓰인 말 그의 쥐색 날개 속에 창백한 혀를 밀어 넣었다

뜨거운 고리가 있었다 그것은 날카롭고 위협적인 찍찍이

파란 눈물이 어루만져졌다

노을이 진해지면서 고리비 곤두박질치는 하루가 시작되었고 고래는 서로 다른 세 개의 원을 그리며 사라졌다

토성의 하루는 10시간 33분 38초 토성고리 고리비(ring rain) 일억만 년 뒤 사라질** 반짇고리

너와 나와의 고리 고리고래 소리 질러 고래 플라스틱, 플라스틱 쓰레기 허리까지 쌓인 어느 날 점퍼 지퍼를 열자 쏟아져 나온

피식웃는밥알눈을부라리며신경질부리는밥알찢어진밥알 숏패딩입은밥알

알알이 밥알들 입안 젖은 밥알이 텀블링하며 외치는 말

나는 살아야 한다

---

*얼어 죽어도 아이스 아메리카노.
**어디선가 본 기사의 단어들.

거울의 레트로

뭐랄까 태어났는데

게임 바탕화면 속
수만 번 긴 칼에 휘둘려
검은 숲에 던져졌다가
똑같은 모습으로 생성되지만
계속 자고 있는 캐릭터

뭐랄까 태어났는데

중세의 왕국
수백만 번 창에 휘둘려
핏빛 강물에 던져졌다가
똑같은 모습으로 생성되지만
계속 강물에 던져지는 캐릭터

뭐랄까 태어났는데

현대의 옥상
수천만 번 캘빈 총에 휘둘려
푸른 옥탑방에 쌓였다가
똑같은 모습으로 생성되지만
계속 석탄처럼 쌓여가는 캐릭터

햇살이 손등에 한 줄로 꽂히고 있다

처음의 작은 점

남남바람꽃

  그는 변했다 엄지발가락이 먼저 물빛으로 발목이 파도 빛으로 번지더니 시간차를 두고 밀려들고 밀려가고 어두워진 창을 철—썩— 밀어내고 조각조각 씹으며 누구를 만난 거냐 뱉는 벌건 이들이 제각각 기어 다니는 해변, 그는 변해갔다 철—썩— 뒤집어지는 틈, 다리가 뿌리로 내리더니 바람에 양팔이 떨어지며 흩날리었다 그는 그였지만 그가 아니었다

망
— 폭염

  제일 먼저 달아오른 건 슬레이트 지붕이었다 윗옷을 벗는다 깡마른 등 비닐장판 지긋 누른다 오래지 않아 미지근해져 바지도 벗는다 엎드렸고 손바닥을 아래로 붙인다 새로운 영역은 찹찹하여 손등까지 차분해졌다 이마 검붉은 두드러기 옅어지는 것을 보다 남김없이 벗는다 거짓말 같은 달이 거꾸로 떠오르는 동안 젖은 것은 들러붙으며 더 무거워졌다 소리는 사라지고 허우적거리는 움직임만 있을 뿐 방충망 안 하얀 그림자가 이 모든 것을 지켜보고 있다

사과의 중심

2222년 2월 22일

자정부터 열리기 시작하는 역

스마트 워치를 착용한 일부 사람들은

이미 문틈으로 사라졌다

몸이 부풀려진 사람들은

손톱을 뜯다가

반짝이며 떨어지는 것을

지켜보았다

손수건을 꺼내

바닥을 닦는 사람이 있다

바닥을 향한 얼굴에서

한 꺼풀의 얼굴이

굴러떨어졌다

양

솜사탕으로 만들어진 울타리 안에서

양처럼 뛰어

편편편 나는

몰랐다

가벼운 등산복 차림의 노인 왼쪽 손에

동백꽃 반짝이는 잎 달린 가지 들려 있다

한숨과 화살로 몰아진 먼지들이

돌고 돌아 뜀틀처럼 쌓여진 것을

한 정거장 머물러 있을 뿐이었는데

순순한 너는 편 안에서

편편편

입가는 향기로 빈틈이 없다

살필 줄 알아야 해

 실핏줄 터진 정육면체 간판이 마당을 흔들어 깨우는 식당 아무도 찾지 않는 접시꽃 담은 하늘이 하늘거리는 것을 멈추지 않는다 로제트는 그림자 등에 메고 오르막을 오른다 한 점 흐려지지 않아야 해 로제트는 콘크리트 바닥 한 걸음 깨고 (그가 뛰었던 콘크리트 바닥 두 걸음 깨고) 뜨거운 아스팔트 쏟아부어 식기 전에 매끄러운 바닥을 만든다 입이 까만 삼색 고양이 지나간다

운

  빈 잔 아래로 내리는데 금 가는 소리 들렸다 그때 쏟아지는 햇살 모이는 알루미늄 문 열렸는데 아무도 들어오지 않고 아무도 돌아보지 않았다 아무개는 문이 되고 아무개는 금이 안 되는 까닭은 하나다 문의 쥐색 양복을 사는데 금의 운을 다 썼기 때문이다 화려하게 게발선인장 며칠 피었고 그 후 방에서 나가지 않았다 잔을 드는데 팔꿈치가 그늘로 늘어났다 주황색 멍이 커지는 마디는 한없이 하늘 아래로 가늘어지고 있다

물의 집

태풍에 물컹해진 골목
가장 낮은 곳에 매달린 부르카
검은 흙탕물 구역질하면
받아냈다
비 그치고
장롱 아래 네 개의 발
천둥번개 업은 물구렁이
싸리 빗자루 가진 사람
여섯 명 왔다 일곱 명 떠나며
흙의 흔적들
열일곱 날개
다섯 모니터
밀어내도 밀어내는 내가
어둠의 관
검은 의자에 먼저 앉아
네 개는 더하고
여섯 개는 째며
열일곱 개는 흔들고

다섯 개는 지우며
집을 지키며
없어도 찾아오는

욕조에 누워

  뜨거운 물속 서로의 무게로 다가갔다 어깨 다리가 한데 뭉쳐 핏빛을 이루었다 타일 위로 번지는 연기 빛은 옅어졌지만 코가 찡했다 무더위가 기승일 때 왜 나는 오르막을 올랐는가 산에는 파란 수국 보라 수국 보라 수국은 달아나는 하늘만을 바라보았다 너럭바위에 신문을 깔고 앉은 우리는 튀김이 대부분인 도시락을 열고 먹기 시작했다 땀이 등 뒤로 흘렀는데 아무도 말하지 않았다 내려오는 길은 짧았지만 두툼한 욕조의 입술부터 부어오르기 시작했다

파 재래기

 신천동 소쿠리 땅에 지어진 집 방마다 네 식구 이상이 살았는데 모두가 주인집 텔레비전을 늦도록 보았다 한다 새벽일 가는 주인은 먼저 잠이 들고, 방마다 돌아가며 부부싸움을 하고 근처 살던 이모들은 반찬이며 밥이며 냄비째 가져갔다고 하는 예전 얘기 240만 원에 집 팔고 빚내서 470만 원 집 사서 3부 이자 갚은 얘기 새벽 도시락을 다섯 개 싸서 일 가고, 집에 와서 밤새 또 일한 얘기 세 번만 더 들으면 백 번 듣는 얘기 재래기 만든다고 파를 써는데 어찌나 매운지 문지방 막 넘어온 조카는 눈이 벌게져 있다

핑거라임

네모난 얼굴 둥근 마스크 우스워

네모난 얼굴 오려 딱 맞는 빨간 마스크

잘 드는 가위가 있었기에 가능했습니다

모난 얼굴이 있었기에 가능했습니다

둥근 마스크가 없었으면 불가능한 일이었습니다

발표자 발뒤꿈치가 시트러스 향에 떨리고

검은 의자에서 거품 쏟아져 나왔습니다

거무튀튀 손가락 손가락 마디들

알알이 가위로 잘랐습니다

박공지붕 환하게 보이는

큰 창

대답

벨이 울리면서 얼굴 하나 그려졌다 등부터 뗐다가 바로하고 앉는다 네 과장님 가을 씨는 봄에서 바로 넘어왔어요? 여름은 배우지도 않고? 한낮 우체국 다녀오는 길은 금방이었는데 걸쳐 입은 겉옷 벗을까 말까 아스팔트 건조한 도로가를 왔다 갔다 했다 수화기 내리니 얼굴이 까맣게 변했다 여기는 수돗가입니다만, 에둘러 가기 시작한 대답이 쉽게 보였나 궁금한 건 짐작하지 말고 물어봐야지 직장인 스트레스라고 아무도 모르게 검색해 본다 서너 가지 색으로

일어서면 어지럽고 기대면 조금 달아오르는

    굴 껍데기 같은 시간 안국역 지하철 승강장에서 기다리는 그와 만났다 막걸리 한잔할래요? 그가 말했을 때 바꿔 신은 신발, 정리가 한창인 굴 속, 아직 쑥굴전을 먹을 수 있대요 파란 천막 펼쳐진 깊숙한 곳 바닥은 미끄러웠다 경복궁식당 좁다란 일층 빈 술병 같은 사람들로 가득했다 이층 가면 돼요 그가 익숙한 듯 말했고 계단 오르며 내가 대답했다 기본 장아찌에 소주잔 두 개가 놓였다 일할 때 서로 알면 좀 수월한데 얼굴 모르는 그를 사람들이 어떻게 대할지 쑥굴전이 기름에 튀겨져 나왔고 뜨거운 혀 하나 아가미는 커졌고 섬에 떠다니다 가장 건조했던 대화에 물컹한 굴이 옆구리에 붙는다

삼월

  너는 땀, 머리 밑으로 흐르고 있다 아래를 보니 도망치는 발 있고 고개를 드니 막다른 골목 붉어 데일 듯 서글서글한 겉꽃잎 속 애가 타는 속주름 빽빽한 동백 머리 겨드랑이에 끼고 날 선 벽에 등 기대 숨 고르고 있다 이마 검붉은 빛으로 새겨놓은 이름과 주소가 점점 진해졌다 몹쓸 자신감 뭐가 잘못된 건지 시작하는 것이 쉽지 않은지 뭐가 쉽지 않다는 건지 뭐를 찾는 것인지 오르막 산책의 가쁜 숨 다짐의 말들 꿈을 꾸었다 쫓기고 있었다 되뇌는 광대뼈에 동백꽃이 피었다

제4부

으름꽃

 휠 크고 반짝이는 밴을 타고 큰 돌 박혀 있는 비포장도로를 달렸다 자몽 에이드 설탕 알갱이는 가라앉았다 일어났다 반복했다 열어놓은 창밖으로 손을 내놓고 달린다 머리를 내었다 손은 두통을 낚아채 강가로 내달렸다 더 내어놓을 것이 없어진 그는 물고기를 토하기 시작했다 고통으로 등이 굽어지고 허리가 휘어졌다 아래를 보는데 은은하고 어두운 보랏빛 으름장, 길고 따뜻한 길이 놓이고 있었다 그렇게 그는 달리는데 배경은 달라지고 있었다

접촉자

볕 잘 드는 마을 작은 고무 대야, 고추 가지 상추 모종들 덜컥 열리는 철문 그를 찾았다 머리 허옇고 눈동자 하얀 그 우리가 부르는 소리 알루미늄 미닫이문 연다 열린 문 엎어질 듯 상체 튀어나올 것 같다 중간에 멈춘다 슬로비디오를 본다 그는 전기장판 위 겨울 이불 솜 잠바 여럿이 어지러이 출렁이는 가운데 떠 있다 식사는 하셨습니까? 불편한 점은 없습니까? 네 사는 데 문제없습니다 환기가 되게 문 열어놓으세요 우리는 오래된 담뱃내 꺼내며 마무리 인사 대문 앞 지키던 어린 상추 잎 간간이 부는 바람에 흰 블라우스 단추 반짝인다

양지꽃

 사십이 되어 딸 셋 있는 집에 시집을 갔다 두 번째 돌아오는 겨울 입 짧은 남자는 젖꼭지 옆에 검은 씨 하나 심었고 다음 겨울에는 제법 굵은 포도알이 되었다 잎은 마주 나며 풍성해지고 덩굴손 잇몸 겨드랑이를 감았다 익을 만큼 익은 포도알 꼭지는 걸쭉한 피를 토해냈다 다시는 찾아오지 마 깡마른 눈으로 딸들에게 말했다 딸들은 말을 잘 들었다 볕 잘 드는 철길 마을 깨진 간판이 옥상 지키는 여인숙 혼자 된 그 방마다 한때 온기가 있었을 물건들 달궈진 국자에 깊고 아린 눈썹이 새겨졌다

귤밭 옆 신축 빌라

상자와 의자가 따로 없는 방

미세한 금이 날갯짓처럼 번지는

머리뼈가 가득 찬 방

골수젤리 쌓인 오동나무 장롱

위 아치형 발톱을 세우고 있는 눈

철문 왼쪽을 밀면 오른쪽 철문은 옷을 벗고

움직이지 않는 일곱 손가락

전기담요 위 마시멜로 가슴

찢어진 붓꽃 무늬 벽지로 번지는 달콤한 내음

박스로 지은 집

고무나무, 스킨, 스파트필름, 산세베리아, 다육이

귀먹은 늙은 노인

R36

 무화과나무를 지나고 있는데 잘 익은 향에 눈가가 떨렸다 비스듬히 주차된 지프차 발통 그늘 아래 삼색 고양이 동그랗게 뜬 눈 두 사람이 만드는 거리 발톱으로 긁는다 비 그치고 골목은 햇볕 말리는 중 알레르기가 무서운 그는 달콤한 것을 파고드는 중 육교를 오르며 뒤를 훔치는 그를 훔쳐본다 마스크 숨 들이킨다 무화과는 가을이 지나도 열리니 말린 무화과를 이야기하며 다시 걸었다 나는 열매의 황량함에 어긋날지도 모른다는 예감이 든다

복도를 걷는 사람들

　화분의 시든 잎 잘라내고 물 주었습니다 시든 비닐을 골라 담고 종이박스 테이프 간추렸습니다 간이의자가 곰팡이 풀어진 복도를 걸어 나갔습니다 신발이 커서 바닥이 끌렸고 조금 지나 발가락이 부르텄습니다 주차장으로 나가는 차가운 바람은 자동문을 에둘러 갔습니다 늘어났다가 줄어드는 커피 얼음조각 위를 걷는 사람들 어제가 없었던 것처럼 내일이 걷고 있습니다

1511호

우리는 봉긋한 잔에 담긴 화이트 와인의 수위를 낮추며 입술로 빨려들어 갔다

입가는 헤르페스로 일 년 내내 붉혀 있다

어색한 말을 하고 난 뒤에 혀끝으로 입술을 핥는 것이 원인이 될 수 있다

하지만 말은 하지 않았다

유리창 속 골목 여럿이 점선으로 빛난다

까만 하늘에 성냥갑 크기의 BIFC 건물이 같이 떠 있다

붕붕 날아오르는 손, 발을 테이블에 얹는다

조금 울렁거리는 것 같고 볼은 붉어졌다

손 하나를 떼서 잡았는데 빼지 않았고 창가에 잠시 멈춰 섰다가 발을 헛딛었다

그와 만두

　보고서는 9시가 넘어서야 무릎을 보였다 점만 달고 떨어진 배 두 개 제멋대로 뛰어다니는 길 그는 피식 웃었다 이제 나서야 할까 봐 떠다니는 의자 위에서 돼지고기 부추 양배추 곱게 다져 만든 소 얇은 피로 빚은 만두 굽는 장면 뒤집는다 바싹함 뒤에 튀는 육즙 꼭 먹어야 할까 봐 입안 깔끔하게 해주는 맥주 한 잔 오늘 입원한 신랑을 꿀꺽 삼킨다 쥐젖이 커졌다

무궁

 마을 입구 나무 세 그루는 며칠째 소리 없이 아이를 낳았다 아침에 태어난 아이 중 하나는 살았고 밤에 태어난 아이 중 둘은 죽었다 목숨을 건진 아이는 아무도 가르쳐주지 않았는데도 연보라 시폰 가랑이를 하늘거렸다 마을을 오가는 모두가 향을 맡기 위하여 킁킁거렸다 그때 막 푸른 트럭은 조수석에 계란 열 판을 싣고 경사진 오르막을 올랐다 얼룩진 창문 틈으로 노을이 몸짓을 불리고 있을 때였다 뒷바퀴가 숨을 고르다 이제 막 입을 다문 아이를 밟았다 트럭이 뒤로 밀리며 한 번 더 밟았다가 그대로 도망갔다 땅에 남은 얼굴은 남빛으로 변했고 아침이 되자 속을 빨갛게 한 아이들이 태어났다 밤에 태어난 아이 중 둘은 죽었다

청도 2

 시골은 조용했는데 밭에서는 풀들이 시끄러웠다. 상추, 치커리 따서 밭을 나왔다. 물 많은 김치찌개를 점심으로 먹고 출발했는데 햇볕에 엄마와 이모가 내내 서 있다. 사무실에 나왔는데 하필이면 G도 나왔다. 사람을 미워하면 도깨비가 아무도 모르게 문을 잠궈 버린다지. 내게 남은 시간이 얼마지? 요즘 심장이 뛰어 주체 못하고 자다가 눈 뜨이는 일 자주 일어난다.

소문

임신한 몸으로 돈을 훔치고
그 돈으로 장을 봤대

영수증 모서리에 남은 유자 향
맵고 쌉싸름한 혀

이제는 남의 손으로
차도 훔치고 돈도 훔칠 수밖에

방어기제가 없다고 하는 그에게
KO패

대상포진이 지나간 얼굴
작아지고 있대

우리는 말없이
한편이 되었다

편도염

―그때 헤어진 사람과 만났어요

아래층 이야기가 잘 들린다

허공에 매달린 목어 눈을 본다

무릎과 무릎이 닿아
등을 벽 쪽으로 움츠렸다

―반지는 빼지 않을 거라고 헤어질 때 말했어요

투명한 술잔
조각난 레몬

속씨의 목소리가 부어 있다

―다시 만나자는 문자가 왔을 때 바로 답했어요

천장에 구멍 난 얼음
향이 쉽게 배어들었다

다락방에 자리 잡은 우리는
하이볼 세 잔을 더 주문했다

꿈

  바람에 댓잎이 서걱서걱했다 오래 걸으니 걷는 속도가 빨라졌다 바닥에 크고 작은 흙먼지가 일었다 끝도 없는 대숲에서 여름은 쫓기고 있다 누군가 이름의 반만 불러 자꾸 뒤돌아보았지만 아무도 없었다 다시 뛰기 시작했을 때 안개나무는 촘촘히 정면을 채우고 있고 점점 커지는 여름은 뛰어도 뛰어도 제자리였다 땀 흥건한 동해선은 역을 출발하여 공장 붉은 굴뚝 노란 바다 검은 산을 지나 건물 숲으로 미끄러져 들어왔다

누구나 반할 색

 자주 루드베키아 보랏빛 진하고 연하기가 자연스러워—누구나 반할 색—아홉 살 생일날 나는 엄마 손을 꼭 잡고 들어왔다—누구나 반할 색—나는 자꾸 부딪혀—누구나 반할 색—나의 하늘은 점점 작아지다가 검은 하늘이 된다—누구나 반할 색—치료 방법은 없어—누구나 반할 색—혀 내민 자주 루드베키아 손끝—누구나 반할 색—이마 발끝 휘어지며 보는 거야—누구나 반할 색—함께 솔방울 안고 가는 거야—누구나 반할 색—

자몽들

레슬링 코치는 한 번에 단 하나의 자몽만 태웠다 끼니때마다 식판을 채운 삶은 계란 신 김치 마른 순대는 플로리다 자몽과 어울리지 않았다 자몽의 하얀 막이 마르면서 악의 쓴맛은 없어졌지만 발뒤꿈치부터 퍼석해져 학교를 그만두었다 민트 맨션 부엌 저녁 준비가 시작되면서 오르막 끝 이층 그릇 소리가 나고 멸치 국물 냄새가 울렁울렁한 철문, 렛 풀 다운 렛 풀 다운 자몽 알갱이들이 탱글해지고 있다 비틀어 즙을 짠다 좁은 매트 아랫집 옥상에 심어진 파 촘촘히 보이는 창이 전부인 방에서

해설

일상의 균열과 해체적 상상력

김경복(문학평론가·경남대 교수)

　여러 모로 이상하기는 하다. 정가을 시인의 시를 보는 것은 낯설고 물선 길을 따라 기이한 나라로 들어가는 것처럼 생경하고 야릇하다. 그녀가 그리고 있는 시적 풍경이나 말하는 방식 등이 모두 해괴하고 요상하다. 아니 좀 더 사실에 부합되게 말하자면 이물을 집어넣은 듯 속이 느글댄다. 아, 이 거북스러움, 이 어지러움! 이질적인 것들에 대한 거부감과 함께 그러면서도 무엇인가 사람을 홀리는 흥미진진함에 마음은 달떠 지쳐가면서도 느릿하게 그녀의 시 속으로 빠져든다. 아니 스며든다. 시가 이렇게 요상하고도 복잡한 상태로 독자의 마음을 끌어당겨도 되는 것일까?
　한 시인의 시세계를 그 깊이에까지 안다는 것은 힘든 일이다. 그것을 그나마 가능케 하는 방법이 있다면 그것은 시인이 생각하는 방식과 그리는 기법대로 살아보고 표현해 보는 것이다. 시인의 세계 속에서 생동하는 시적 화자로서의 삶을 한번 살아보는 일이다. 그럴 때 정가을 시인이 자기 시를 이해하는 것으로 제시하는 관점은 매우 유용한 하나의 방법론이 된다. 이미 시인은 첫 번째 시집 서문에서 자기의 시적 세계에 대한 하나의 암시로 "지금 이상한 나라로 가는 바이킹에 몸을 실을 준비가 되어 있는 나이므로"란 말을 하여 자신의 태도를 밝힌 바 있다. 이번 두 번째 시집도 시인의 시적 도정으로 볼 때, 첫 번째 시집의 연장선상에 있고, 특히 그 세계의 심화는 있을지언정 궤도는 이탈하지 않았다는 점에서 그와 같은 인식을 공유하는 차원의 접근법이 필요해 보인다.

그렇다면 우리 역시 정가을 시인의 시를 이해하기 위해서는 "이상한 나라로 가는 바이킹"에 올라타 볼 필요가 있는 것이다. 놀이기구 바이킹이 주는 심장 쫄리는 두려움과 거북함, 바이킹이 그리는 왕복과 낙차에서 오는 어지러움과 메스꺼움, 그럼에도 불구하고 그러한 진동과 속도 속에서 피어오르는 강렬한 즐거움을 정가을 시의 탐사에서 맛보아야 하는 것이다. 그것은 어쩌면 하나의 놀이의 모습으로 비쳐보일지 몰라도, 사실은 그 어지럽고 혼곤한 탐사야말로 바로 우리 시대의 뒤집힌 현실, 곧 산업자본주의적 삶의 현실이 매우 비정상적인 삶의 풍경이라는 것임을 직핍의 시선으로 보게 해주는 일일 것이다. 정상이라고 말해지는 것들이 사실은 바로 비정상임을 깨닫게 해주는 놀이, 그것이 바로 바이킹을 타고 세상을 바라보는 시인의 시선이 아닐까? 뒤집어야 바로 본다는 역설적 진실을 알려주는 것이 아닐까? 그것을 나의 시선으로 내면화하고, 그것이 또한 우리 시대의 진실된 음화(陰畵)임을 알게 되기까지 우리는 얼마간 어지럼증과 거북스러움을 감내하며 그녀의 시 속으로 들어가 볼 일이다.

환상적 현실과 인간의 사물화

 실제 정가을 시인의 시세계에 발을 내딛었을 때 먼저 부딪치는 기이한 점은 바로 판타지 풍의 장면 제시에서 찾아볼 수 있다. 판타지 장르의 장면 제시는 지금 우리 시대의 가장 뜨거운 문화적 아이콘으로 작동하여 사람들의 현실적 심리를 대변해준다. 멀티미디어의 대두와 사이버 공간을 통한 사회적 교감, 더 나아가 메타버스를 통한 사회적 관계망의 형성은 지금 우리가 서 있는 현실이 과거 전원 내지 공장을 배경으로 한 아날로그적 현실이 아님을 분명하게 인식하게 한다.

 그런 점에서 매체의 변화와 맞물려 전개되는 시적 풍경은 그 매체에 얹혀사는 현대인의 심리적 투사와 전개를 잘 보여주고 있다고 말해야 할 것이다. 그러나 엄밀히 말한다면 매체와 현실의 구분은 있어야 하는 것이 보통의 정상적 사유로 보이는데 정가을 시인은 현실적 공간에 사이버 공간을 겹치게 하고, 그 겹친 공간 속에 현대인이 기생해 있다는 인식을 함으로써 비틀린 세계 인식, 즉 환상적 세계 인식을 보여주고 있다. 그래서 그녀가 그리는 디지털 공간으로 펼쳐지는 현실 인식은 매우 환상적이고 게임적인, 그래서 가상과 현실의 구분을 지워버리는 방식으로 나아간다. 다음 시가 이런 점을 잘 보여준다.

뭐랄까 태어났는데

게임 바탕화면 속
수만 번 긴 칼에 휘둘려
검은 숲에 던져졌다가
똑같은 모습으로 생성되지만
계속 자고 있는 캐릭터

뭐랄까 태어났는데

중세의 왕국
수백만 번 창에 휘둘려
핏빛 강물에 던져졌다가

똑같은 모습으로 생성되지만
계속 강물에 던져지는 캐릭터

뭐랄까 태어났는데

현대의 옥상
수천만 번 캘빈 총에 휘둘려
푸른 옥탑방에 쌓였다가
똑같은 모습으로 생성되지만
계속 석탄처럼 쌓여가는 캐릭터

햇살이 손등에 한 줄로 꽂히고 있다

처음의 작은 점
―「거울의 레트로」 전문

 이 시는 이번 시집에서 정가을 시인의 의식을 대변하는 작품 중의 하나라 할 수 있다. 우선 이 시는 판타지 장르로 그려지고 있는 게임 속의 이야기라는 점에서 현실의 풍경은 아니다. 그렇지만 게임 속의 환상적인 내용과 모습이 당대의 현실과 무엇이 다른가 하고 묻는 것이 시인의 의도라 할 수 있다. 판타지 장르가 보여주는 문법, 즉 클리세에 따라 이 시의 캐릭터는 환생(빙의/귀환)을 거듭한다. 각각의 다른 시대와 장소에 나타나도(태어나도) 똑같은 미션을 수행하는, 즉 그 시대와 장소에 주어진 생애를 살아나간다. 게임 속의 캐릭터나 현실 공간 속의 인간이나 하나의 이야기를 만드는 주체 내지 존재라는 점은 같다. 경계를 해체하고 차이를 부정하는 태도는 매우 위험한 발상이지만 재미를 불러일으킨다. 그 점에서 현실적 삶의 공간을 바라보는 시적 화자의 시선은 매우 익살스러우면서도 전복적이다.

이 시의 문제성은 그 제목에서 상징적으로 제시된다. '거울의 레트로', 우선 생각해봐야 할 것이 이 '거울'과 '레트로'를 시인이 사용한 의도다. 알다시피 거울은 반영을 특징으로 하고 있는 물건이다. 그런데 그 거울을 중첩해놓고 사용하면 거울은 그 반영을 서로 계속 반복하여 무한복제, 다시 말해 무한 증식의 매우 환상적인 장면을 만든다. 여기서 '레트로'가 그것을 말해주는 문구다. 레트로라는 단어의 뜻이 과거의 것을 그대로 좇아하려는 것으로 본다면 모방에 초점이 놓여 있다. 그것은 거울의 반영을 강조하는 것으로서 모방의 모방, 반영의 반영을 뜻한다고 볼 수 있다. 이는 무한복제와 증식을 가리키는 의미로 아주 복잡한 현실과 의식을 대변하는 낱말로 기능한다. 때문에 '자기반영성'이 포스트모더니즘의 특징이라면 '거울의 레트로'가 바로 이 포스트모더니즘의 속성을 집약적으로 제시하고 있다고 봐도 무방할 것이다. 그런 차원에서 시인이 이런 제목을 쓴 의도를 풀어본다면, 이런 자기복제, 혹은 무한증식이 갖는 판타지 풍의 이야기는 불확실성과 임의성이 전면화된 오늘의 포스트모더니즘적 현실을 반영하고자 한 것이라 볼 수 있다.

판타지적 현실 인식은 자연스럽게 마법적 삶의 방식이 그리 나쁘지 않으리라는 생각을 불러오게 한다. 마법과 과학의 차이를 해체하려는 것은 오늘의 객관주의, 절대주의로 칭해지는, 다시 말해 진지와 엄숙으로 무장한 기득권 담론을 부정하는 행위라 할 수 있다. 다음과 같은 시를 그와 같은 행위를 하는 작품으로 볼 수 있지 않을까?

눈 깜짝할 사이의 일이었다

처음 보는 눈을 한 그가
손바닥만 한 칼을 수선화 구근 턱 끝에 들이댔다

살려주세요

한 번만 살려주세요

손바닥 피가 나도록
흥건해지도록

비비디 바비디 부

이불 아래 아이 둘
아무도 모르게 아이 하나

소쿠리 땅 디근자 양철지붕
그늘 끼인 집

아이들은 자라고
그는 반지를 잃어버렸다
—「Bibbidi-Bobbidi-Boo」 전문

이 시의 특성도 오늘의 현실에서는 볼 수 없는 기이한 행동 방식을 보여준다는 점에 있을 것이다. 실제 시인이 이와 같은 행동방식을 현실 속에서 할 리는 없겠지만 의식의 차원에서 '비비디바비디 부'라고 주문을 외우면서 산다고 하여 무슨 이상할 것이 있겠느냐 하는 문제제기를 이 시는 담고 있다. 더 나아가 현실 속에서 요정이 된 것처럼 삶의 희망을 담는 주문을 외는 것이 무슨 상관이냐 하는 태도를 보인다. ('비비디바비디 부'는 『신데렐라』에 나오는 요정이 호박을 마차로 바꾸는 가운데 외는 주문으로 희망을 달성시켜 주는 주문이다.)

작품의 실체적 의미는 '그'라는 존재가 주문을 불러올 수 있는 "반지를 잃어버렸다"로 볼 때, 희망이 상실된 세계 속에 우리가 놓여 있음을 말하고자 하는 데 있다. 작품 안의 풍경은 끔찍하고 삭막한 상황을 연출하고 있지만, 이 시는 독자에게 동화적 상상력을 불어넣는다. 반지를 되찾게 된다면, 아니 반지를 되찾지 못하더라도 '비비디바비디 부'라는 주문이라도 붙잡고 왼다면 우리들 삶이 나아지지 않을까 하는 염원을 은연중에 심어주고 있는 것이다. 이러한 동화적 발상 또한 지금의 산업자본주의로 표방된 절대적 세계에 대한 전복의식을 가진다. 잃어버린 동화적 상상력은 과학이라는 이름 아래 억눌리고 타자화된 우리들의 생명과 존엄을 되살리는 도전적 행위인 것이다. 효율과 합리라는 이름으로 일상을 지배하는 자의 눈으로 볼 때 그것은 매우 이상하고 거북한 존재, 뜬금없이 나타나 자신들의 토대를 뒤흔드는 불온하고 난잡한 존재이자 의식인 것이다.

그런 존재에게 이성과 합리로 표준화된 현실은 전복의 대상이 된다. 기존의 담론에 따른 인식을 거부하고 새로운 인식과 행위를 요청한다. 타자로 대상화된 존재들을 도구적 존재라고 대놓고 말함으로써 소외된 주체와 인간이 얼마나 강고한 사회에 비참하게 살아나가고 있는지를 묵시록적 관점에서 보여준다. 산업자본주의 삶의 방식이 가져온 인간의 사물화가 바로 이상한 나라의 실체인 것이다. 다음 시가 바로 그런 점을 잘 보여준다.

> 화분의 시든 잎 잘라내고 물 주었습니다 시든 비닐을 골라 담고 종이박스 테이프 간추렸습니다 간이의자가 곰팡이 풀어진 복도를 걸어 나갔습니다 신발이 커서 바닥이 끌렸고 조금 지나 발가락이 부르텄습니다 주차장으로 나가는 차가운 바람은 자동문을 에둘러 갔습니다 늘어났다가 줄어드는 커피 얼음조각 위를 걷는 사람들 어제가 없었던 것처럼 내일이 걷고 있습니다
> ―「복도를 걷는 사람들」 전문

이 시의 풍경은 환상적이다. "간이의자가 곰팡이 풀어진 복도를 걸어 나"가고, "주차장으로 나가는 차가운 바람은 자동문을 에둘러" 가고, "어제가 없었던 것처럼 내일이 걷고 있"다는 표현은 범신론적인 풍경을 보여준다. 표현 상 의자와 바람이 생명을 지닌 실체처럼 그려지고, 더 나아가 무형의 시간인 내일마저 의식을 가진 존재로 그려진다. 이것 자체로만 보면 사물을 의인화해 그려냄으로써 약간의 신비와 생기를 느껴질 수 있게 하는 것으로 볼 수 있다. 그래서 마법적 세계관을 보여주는 환상적 장면으로 볼 법하다.

그러나 이 시는 끔찍한 음화다. 시의 제목으로 볼 때 이 시에 사물 주체가 된 '간이의자', '주차장으로 나가는 차가운 바람',

'어제가 없었던 내일'은 어둑한 복도를 매개로 정물처럼 고여 있는 소외된 존재들을 비유한 용어일 뿐이다. 그런 존재가 얼마나 사회적 관계 속에서 배제되고 소외되어 있는지를 고발하는 차원에서 인간을 사물화하고 있다. 소외된 인간 존재는 정물로 붙박여 있기 때문에 간이의자와 다름없고, 아무도 소통하지 않음에 따라 '차가운 바람'에 지나지 않으며, 무엇보다 주목받지 않는 삶이었기에 과거가 없는 미래, 즉 암울한 '내일'이 된다. 이것은 우리가 줄곧 외면하고 있는 매우 끔찍하고 거북한 진실이기에 이상하게 비쳐 보일 수밖에 없다. 뒤집힌 장면을 통해 더 참된 진실에 이를 수 있게 하는 것이다.

정가을 시인이 보여주고자 하는 이상한 나라는 그런 점에서 결코 '이상한 나라의 엘리스'가 경험한 낭만적인 곳은 아니다. 오히려 단테의 『신곡』에 나타난 지옥이나 연옥 순례에 가깝다. 매우 활기 없고 죽음으로 저주받은 공간을 밝은 공간으로 포장하고 그런 곳을 재미있는 듯 신명난 모습으로 지나가는 화자를 설정하고 있는 것이다. 그것은 매우 복잡한 아이러니의 공식과 시선이다. 그렇기에 그녀의 시를 이해하는 것은 매우 어렵고 험난한 의미의 심층을 지나야 한다.

괴이의 틈입, 그 고립된 삶과 낯선 형식

현실과 환상의 경계가 무너질 때 '괴이(怪異)'가 출현한다. 괴이는 '괴이하다'의 어근으로 따로 명사로만 존재할 수 없다. 그런데 요즈음의 문화에서('괴이'란 이름으로 드라마가 나온 것처럼) 안 된다고 인식하는 것 자체가 편견이다. 오히려 경계를 해체할 때 더 무섭고 신랄한 진실을 마주할 수 있다. 괴이의 출현은 일상이 바로 환상이 되는 체험을 하게 한다.

생각해보면 우리가 살고 있는 삶 그 자체가 이상한 일 아닐까? 태어나기 전에 '나'는 없었고, 죽고 나면 또 '나'란 존재는 없어지게 될 터인데, 지금 존재하고 있는 '나'는 도대체 무엇인가? 나는 있음인가, 없음인가? 어떻게 보면 이런 고차원적 질문을 하게 만드는 것이 정가을 시인의 시다. 일상과 비일상의 경계를 해체함으로써 확고한 객관적 진리가 없음을 제기하고 있는 것이다. 일상의 균열이 바로 일상의 일이자 비일상의 일임을 느끼게 해준다. 다음 시가 바로 그런 내용을 보여준다.

    앞에 한참을 서 있다
    두터운 검은 외투 골라 입고 평소보다 조금 늦은 시간
 집 나선다
    지하철역 아이들 신발 골목이 들썩인다
    새들이 구름을 메고 먼 산 넘어가고 있다
    제멋대로 부푼 보도블록 속력을 낸다

어제는 IPA 맥주를 마시다 소파에 쓰러져 한겨울 아무도 없는 숲속을 헤매며 우는 꿈을 꾸었다

번뜩이는 눈이 박힌 머리 하나 점프하여 내 손을 물어 달려드는 그를 온몸으로 떨쳤는데 또 엉겨 붙어 이층으로 도망가며 소리쳤다

나 아닌 사람들은 아무 일 없는 듯 고양이를 어루만졌다

해가 지면서 노란 커튼은 세로로 물들었다

그들은 사라졌는데 수백 개 부드러운 꼬리가 봉을 타고 흘러내렸다

이상하게 바닥에 쌓이는 것은 없었다

국밥을 말아 먹고 왔다는 검은 옷들이 저녁의 안부를 묻고는 대강 사라졌다

모니터를 보는데 머리가 메스꺼워 책상에 쓰러지다 코뼈가 부러졌다

돼지 뼈 국물에 불은 모란 꽃잎 회색 벽에 달라붙어 부글거렸다

귀에서 피가 흘러내려 주위를 두리번거리고 있을 때 흰 자위가 전부인 일몰의 꼬리 끝에 꼬리가 매달린 발톱이 목을 할퀴었다

갈라진 목에서 파란 꽃잎으로 나체를 두르고 있는 그가 튀어 나왔다

—「델타크론」 전문

이 시는 정가을 시인의 이번 두 번째 시집의 의미를 드러내는 대표적인 작품이라 할 수 있다. 전체적으로 무료한 일상을 그려내고 있다가 마지막에 가서 놀라운 비일상을 맞는 것을 표현하고 있는 것이 시의 구성 면에서나 내용적 전달 면에서 백미로 보인다. 시적 화자와 그의 일상을 정보에 따라 구성해 보면, 시적 화자는 맥락 없는 삶을 살고 있는 듯 아무 정보를 주지 않은 채 "앞에 한참을 서 있"다. 생활의 측면에서도 그는 "어제는 IPA 맥주를 마시다 소파에 쓰러져 한겨울 아무도 없는 숲속을 헤매며 우는 꿈을 꾸"는 무료하고 우중충한 나날을 보낸다. 또 주로 "모니터를 보는데 머리가 메스꺼워 책상에 쓰러지다 코뼈가 부러지"기도 하는 것으로 볼 때, 집 안에서 혼자 사이버 공간 속에 노는 일에 익숙한 것으로 보인다. 한마디로 무미건조한 일상에 무기력하고 타성에 젖어 살아가는 존재가 제시되고 있다고 할 수 있다.

그런데 이번 시집에 제시된 정가을 시인의 일상은 매우 추상적이다. 이 시에서 그 점을 찾아보면 "국밥을 말아 먹고 왔다는 검은 옷들이 저녁의 안부를 묻고는 대강 사라졌다"에 잘 나타나고 있다. 사람들은 구체화되지 않고 '검은 옷들'로 익명화되어 나타나고, 그들의 행동 역시 '대강', 즉 특수하지도 않고 구체적이지도 않은 대충의 형식으로 인식되고 전개된다. 이런 추상적 일상성은 공간적 인식에서 두드러지는데, 「조촐한 회식」에서 시적 화자에게 실존적 장소로 언급되는 공간마저 "그럭저럭 그저 그런 술집"으로 인식됨으로써 무료함과 무심함, 더 나아가 시들함을 완연하게 보여준다.

이러한 무미건조한 일상성은 산업자본주의적 현실 속에서 삶의 의미를 찾지 못한 사람들에게 천형으로 다가오는 문제적인 지점이다. 앙리 르페브르도 『현대세계의 일상성』이란 책에서 이런 현대적 일상을 두고 자본주의적 삶의 방식에 의해 현대인들로 하여금 정체성의 혼란과 소외에 빠뜨려 진정한 자아를 찾지 못하게 한다고 하였다. 그렇게 본다면 이러한 현실적 일상에 잠겨 있는 것을 이상하게 생각하지 않고 지내는 것이야말로 이상한 것이 아닐까? 그런 상태에 대해 아파하지 않고 있다는 것이 더 이상한 상태라 할 수 있다. 정가을 시인은 바로 이 점을 시에서 문제 삼고 있다고 할 수 있다. 그래서 그녀는 현실적 삶의 행태를 "비정상적인 맥박//비정상적인 대화//비정상적인 형벌//비정상적인 조립//비정상적인 몸//비정상적인 판정//비정상적인 형벌//비정상적인 맥박//비정상적인 바나나//나는 비정상적인 로그인을 하고 있다 노을을 비정상적인 방법으로 흠모하고 비정상적인 방법으로 소통하고 있다 고통의 기억이 아스라이 떠오르고 있다 비정상적인 시간 비정상적인 방법으로 로그인 되도록 말랑말랑하게 도용되고 있다"(「로그인 시도가 감지되었습니다」)라고 말하고 있다. 정상적 삶이라고 말하는 현대적 일상성이야말로 비정상이라는 것이다. 이는 심도 있는 문제제기다.

이제 문제는 이러한 일상성에 갑자기 나타나는 '그'라는 존재다. 이 시에서 그는 두 번 나타난다. 먼저 "번뜩이는 눈이 박힌 머리 하나 점프하여 내 손을 물어 달려드는 그를 온몸으로 떨쳤는데 또 엉겨 붙어 이층으로 도망가며 소리쳤다"에 보이는데, 전후 맥락으로 볼 때 여기서 보이는 '그'는 꿈속에 출현한 괴수, 즉 "번뜩이는 눈이 박힌 머리"를 가진 몬스터일 가능성이 크다. 외눈박이 거인 정도로 생각할 수 있는데, 이는 앞의 꿈이나 판타지 풍의 게임을 생각할 때 적절한 해석일 수 있다. 그런데 초점은 그런 괴수가 두 번째 나타날 때 현실에 소환되어 나타나고 있다는 사실이다. 즉 "갈라진 목에서 파란 꽃잎으로 나체를 두르고 있는 그가 튀어 나왔다"는 표현을 두고 볼 때 이 '그'는 시적 화자의 일상에 균열을 내고 현실 속에 출현한 괴이처럼 그려지고 있다. 그렇게 본다면 그것은 '틈입'이다. 틈입은 예기치 않은 역전의 현상으로 가치의 전복을 암시한다. 이 시 역시 일상과 환상의 경계가 해체되고, 일상과 환상이 가지는 가치가 역전됨을 암시한다는 점에서 균열과 틈입의 미학적 특성을 유감없이 발휘하고 있다. 일상이 더 이상 현실 같지 않을 때, 일상 속의 모든 현상이 환상이나 다름없다는 인식을 제공한다. 실제 균열과 틈입은 판타지의 클리세다.

이는 '그'의 정체를 해명할 때 더욱 분명하게 드러난다. 시

속의 정보로 볼 때, '그'는 제목이 암시하는 바대로 '델타크론'이다. 코로나 바이러스다. 근데 이 델타크론은 코로나 바이러스의 변이의 변이, 즉 무한복제/무한증식의 한 표상이다. 현실 속의 분명한 역사적 사건이 참으로 놀랍게도 사이버 공간이나 동화 속에 있을 법한 환상의 형식을 취하고 있다. 이쯤 되면 가상과 진상에 대한 구분이 사라지고, 인간의 실존적 거처에 대한 확실성도 사라진다. 그런 인식을 보였을 때, 우리는 다음과 같은 질문을 물을 수 있다. 그런 인식을 가졌다고 해서 무엇이 달라지는데? 그래서 그런 인식으로 무엇을 하고 싶은데?

이 질문에 대한 대답은 사실 그런 인식에 도달한 사람이 각자 구해야 할 성질의 것이다. 그렇지만 정가을 시인의 경우 계속 그녀의 시에서 발동되는 해체적 상상력으로 그 질문에 대한 대답을 하고 있는 셈이다. 그녀에게 해체는 자유이자 평등이고, 부정이자 구원이다. 무료한 일상성에 처단된 존재들은 자본주의적 삶의 방식으로 볼 때 매우 열등하고 비루하게 도태된 존재들이다. 그런데 그들이야말로 일상에 균열을 내고 비일상의 영역으로 '비비디바비디 부'라는 주문과 함께 탈출할 수 있다. 그들만이 희망의 주문을 욀 수 있는 존재로 격상할 수 있다는 점을 정가을은 주목하고 있는 것이다. 다음 시가 그런 점을 암시해 준다.

볕 잘 드는 마을 작은 고무 대야, 고추 가지 상추 모종들 덜컥 열리는 철문 그를 찾았다 머리 허옇고 눈동자 하얀 그 우리가 부르는 소리 알루미늄 미닫이문 연다 열린 문 엎어질 듯 상체 튀어나올 것 같다 중간에 멈춘다 슬로비디오를 본다 그는 전기장판 위 겨울 이불 솜 잠바 여럿이 어지러이 출렁이는 가운데 떠 있다 식사는 하셨습니까? 불편한 점은 없습니까? 네 사는 데 문제없습니다 환기가 되게 문 열어놓으세요 우리는 오래된 담뱃내 꺼내며 마무리 인사 대문 앞 지키던 어린 상추 잎 간간이 부는 바람에 흰 블라우스 단추 반짝인다

—「접촉자」 전문

  이 시는 이번 시집의 연작시라 할 만한 작품으로 독거노인의 무료하고 비루한 일상을 다루고 있는 작품이다. 살펴보면 독거노인을 소재로 취하는 작품이 7편 정도로 나타난다. 이 시의 어조는 매우 담백하다. '그'로 표현된 독거노인을 '우리'로 표현된 독거노인 생활관리사의 입장에서 순방하여 관찰하고, 일상의 어려움을 해결해준 뒤, 인사하고 헤어진다. "볕 잘 드는 마을"이라든지 마지막 표현인 "대문 앞 지키던 어린 상추 잎 간간이 부는 바람에 흰 블라우스 단추 반짝인다"로 두고 볼 때 마치 밝고 명랑한 일상적 모습을 보여주는 것 같다.

  그렇지만 이 시도 끔찍한 일상성을 보여주는 음화다. 표현

의 전체적 기조는 '그'로 표현된 대상에 대한 시선에 담겨 있다. 그는 "덜컥 열리는 철문" 뒤에서야 찾을 수 있고, "머리 허옇고 눈동자 하얀" 상태로 노쇠해 있으며, "전기장판 위 겨울이불 솜 잠바 여럿이 어지러이 출렁이는 가운데 떠 있다"에서 볼 수 있듯이 여러 사물과 뒤섞여 있다. 즉 올바른 인간성과 삶의 상태를 보장받지 못한 채 하나의 고립화된 사물로 존재할 뿐이다. '우리'는 단지 사물의 보존 상태를 확인하고 점검하는 것처럼 그의 생존 문제만 체크하고 갈 뿐이다. 그런 면에서 이 시에서 보이는 '그'는 앞의 시에서 갑자기 출현하는 괴이의 잠재적 형태다. 그러한 방식을 드러냄으로써 소외된 존재가 얼마나 산업자본주의 사회에서 물화된 존재로 방치되고, 소통의 부재 속에서 고통받고 있는지를 이 시는 많은 생략과 뒤집은 표현을 통해 알게 한다. 마치 잔혹동화같이 일상 속의 '그'가 하나의 사물이나 괴이로 존재할 수밖에 없는 현실을 담백하게, 정말 담담하게 말함으로써 일상과 비일상의 겹침과 균열이 얼마나 쉽게 우리 주위에 일어나게 되는지를 알게 한다. 그런 점에서 정가을 시인의 시적 의식이나 표현법은 당대적 삶의 모순성에 매우 육박해 있다.

일상 속에 나타나는 괴이는 매우 생소한 형태를 띠게 되어 아름답기도 하겠지만 거부감을 들게 하기도 한다. 그것이 특히 우리 삶의 비루함을 되비쳐준다면 더욱 환멸과 자조의 감정을 불러일으키는 대상이 된다. 그런 점에서 부정적이고 저

항적인 인식은 타성적 표현방식을 거부한다. 일상에 균열을 내는 것처럼 전통적 형식을 깨뜨리고, 어떻게 그 환멸과 자조의 감정을 여과 없이 드러낼 수 있는가를 찾게 된다. 그런 점에서 형식의 전위성은 정가을 시인의 특권적 방법론이 된다. 첫 시집에 보이는 여러 시들, 특히 도표적 형태로 보였던 「호스피스 병동—T관」이나 「graph paper」, 그리고 이번 시집에 보이는 새로운 형식의 「푸른 노루귀」, 「파래」, 「10시 33분 38초」 등은 당대의 문제적 삶을 반영하기 위해서는 매우 낯선 형식이 필요함을 여실하게 보여주는 작품들이라 할 수 있다. 현대적 삶의 위기의식을 반영하기 위해서는 그 담론의 이데올로기를 담는 형식마저 위태롭게 펼쳐져야 함을 보여주는 것이다. 다음 시가 그런 전형적인 예가 아닐까?

> 오늘, 붉은 먼지인가 했는데 몸이 마르더니 떨어졌다
> 오늘, 그제서야 앉아서 보는데 흰 점의 등이 생겼다
> 오늘, 출근시간 환승역 승강장 다리는 보이지 않는다
> 오늘, 구멍에 구멍보다 조금 크게 그물망을 잘라 얹고
> 손가락 두 마디 높이로 흙을 깔고
> 오늘, 뿌리를 잘 세운 뒤 빈 공간에 흙을 채운다
> 오늘, 공기가 통하도록 너무 누르지 않는다
> 오늘, 밖으로 떨어지지 않도록 떨어지면 훑어도 되는데
> 오늘, 절대 흘리지 않겠다고 다짐한 것처럼

―「빌어먹을 다짐들」 전문

  이 시가 보여주는 주제의식은 '오늘'이란 시간대에 갇힌 현대인의 불안한 자의식을 보여주는 데에 있다. 읽어보면 '오늘'이란 이 실존적 시간에 다짐한 것들이 그렇게 중요한 것들이 아니라, 늘상 해오고 유지하던 습관적 행위의 반복이라는 점을 알게 된다. 무슨 큰 자각이나 결단이 있는 것이 아니라 일상에서 부딪칠 수 있는 자잘한 여러 사건과 행위의 반복을 다시 한 번 다짐하는 것으로 나타난다. 그런 점에서 일상에서 수없이 행하는 다짐들은 쓸데없고 비루한 행위의 반복이다. 그것은 우리들의 삶과 인식 자체도 디지털자본주의가 만드는 무한복제와 증식의 방식 속에 녹아들어가 있음을 은연중 드러내고 있는 셈이다.

  그런 점에서 부정과 환멸은 이 시대의 핵심적 태도와 정서가 된다. '빌어먹을 다짐들'이란 제목 자체가 이를 잘 인식하고 있음을 보여준다. 부정이야말로 일상적 현실에 균열을 내는 해체적 정신이고, 환멸이야말로 장난과 조롱으로 이 시대의 지배적 담론을 전복하는 미학적 응전이다. 따라서 정가을의 시는 동시대의 모순의 심부를 질러가면서 그것이 정상이란 이름으로 둔갑해 있는 이상한 나라임을 우리에게 익살스럽게, 그러나 이면의 관점으로 볼 때는 무겁게 고발하고 있다. 시의 생경함이 결코 무지나 미숙에 기반해 있는 것이 아니라 위반과 그 위반을 실천하는 전복의 과정에서 자연스럽게 발생하는 미학적 특성임을 보여주고 있는 것이다. 그 점에서 이러한 시적 기획은 매우 복잡하고 섬세한 작업이 요청된다 할 수 있고, 시인 스스로에게는 치열한 자의식적 투쟁 속에 제 자신을 끝없이 놓게 하는 것이라서 매우 안쓰러운 노력이라 하겠다. 하여 시인의 건필을 빌 따름이다.

시인동네 시인선 179

빌어먹을 다짐들

ⓒ 정가을

초판 1쇄 인쇄　2022년 7월 7일
초판 1쇄 발행　2022년 7월 14일
지은이　정가을
펴낸이　김석봉
디자인　헤이존
펴낸곳　문학의전당
출판등록　제448-251002012000043호
주소　충북 단양군 적성면 도곡파랑로 178
전화　043-421-1977
전자우편　sbpoem@naver.com

ISBN　979-11-5896-552-5　03810

*이 책의 판권은 지은이와 문학의전당에 있습니다.
*양측의 서면 동의 없는 무단 전재 및 복제를 금합니다.
*잘못 만들어진 책은 바꿔드립니다.
*이 시집은 2022년 부산광역시, 부산문화재단 〈부산문화예술지원사업〉의
　지원을 받아 제작되었습니다.